BEI GRIN MACHT SICH IHR WISSEN BEZAHLT

- Wir veröffentlichen Ihre Hausarbeit, Bachelor- und Masterarbeit

- Ihr eigenes eBook und Buch - weltweit in allen wichtigen Shops

- Verdienen Sie an jedem Verkauf

Jetzt bei www.GRIN.com hochladen und kostenlos publizieren

Bibliografische Information der Deutschen Nationalbibliothek:

Die Deutsche Bibliothek verzeichnet diese Publikation in der Deutschen Nationalbibliografie; detaillierte bibliografische Daten sind im Internet über http://dnb.d-nb.de/ abrufbar.

Dieses Werk sowie alle darin enthaltenen einzelnen Beiträge und Abbildungen sind urheberrechtlich geschützt. Jede Verwertung, die nicht ausdrücklich vom Urheberrechtsschutz zugelassen ist, bedarf der vorherigen Zustimmung des Verlages. Das gilt insbesondere für Vervielfältigungen, Bearbeitungen, Übersetzungen, Mikroverfilmungen, Auswertungen durch Datenbanken und für die Einspeicherung und Verarbeitung in elektronische Systeme. Alle Rechte, auch die des auszugsweisen Nachdrucks, der fotomechanischen Wiedergabe (einschließlich Mikrokopie) sowie der Auswertung durch Datenbanken oder ähnliche Einrichtungen, vorbehalten.

Impressum:

Copyright © 2012 GRIN Verlag
Druck und Bindung: Books on Demand GmbH, Norderstedt Germany
ISBN: 9783668791435

Dieses Buch bei GRIN:

https://www.grin.com/document/439402

Marius Maurer

Glaubensgewissheit und Anfechtung bei Martin Luther

GRIN Verlag

GRIN - Your knowledge has value

Der GRIN Verlag publiziert seit 1998 wissenschaftliche Arbeiten von Studenten, Hochschullehrern und anderen Akademikern als eBook und gedrucktes Buch. Die Verlagswebsite www.grin.com ist die ideale Plattform zur Veröffentlichung von Hausarbeiten, Abschlussarbeiten, wissenschaftlichen Aufsätzen, Dissertationen und Fachbüchern.

Besuchen Sie uns im Internet:

http://www.grin.com/

http://www.facebook.com/grincom

http://www.twitter.com/grin_com

RUPRECHT-KARLS-UNIVERSITÄT HEIDELBERG
Theologische Fakultät
Sommersemester 2012
HS ST: Der Mensch vor Gott. Von der Freiheit eines Christenmenschen

Glaubensgewissheit und Anfechtung bei Martin Luther

Marius Maurer

Ev. Theologie (7), Anglistik (7)
20.08.2012

INHALT

1. Einleitung 3
2. Glaubensgewissheit 4
3. Anfechtung 7
4. Diskussion im Seminar: Zweifel – Gewissheit – Anfechtung 10
5. Fazit 12
6. Literaturverzeichnis 13

1. Einleitung

In dieser Ausarbeitung des Referats „Glaubensgewissheit und Anfechtung bei Martin Luther" werden vordergründig die zwei elementaren Begriffe (*Glaubens-)Gewissheit* und *Anfechtung* beleuchtet. Dazu werden zunächst allgemeine theologische, dogmatische oder auch philosophische Maßstäbe bedient, woraufhin auf die Verwendung und Bedeutung der Begriffe bei Martin Luther eingegangen wird. Hierbei stehen besonders Teile der Schrift *De Servo Arbitrio*[1] Luthers im Fokus. Im Anschluss folgt eine kurze Reflexion der Diskussion, welche als Teil des Referats im Seminar stattfand. Hierbei spielte neben den beiden zentralen Begriffen *Gewissheit* und *Anfechtung* auch noch der Begriff *Zweifel* eine Rolle. Abschließend folgt ein Fazit, welche die wichtigsten Punkte des Referatsthemas nochmals zusammenfasst und die Ausarbeitung abrundet.

---

[1] Verwendeter Abschnitt aus der Ausgabe: Härle, Wilfried: Martin Luther. Lateinisch-Deutsche Studienausgabe, Band 1, Leipzig 2006, S. 227-232.

2. Glaubensgewissheit

Um der Bedeutung der *Glaubensgewissheit* näher zu kommen, muss zunächst geklärt werden, was allgemein unter *Gewissheit* verstanden wird und was dieser Begriff genau impliziert. Im philosophischen Kontext wird zwischen zwei Arten der Gewissheit unterschieden: der *objektiven* und der *subjektiven* Gewissheit.[2] Die objektive Gewissheit gibt dabei allgemein geltende und feststehende Sachverhalte an: „Es ist gewiß [sic] (sicher, steht fest), daß [sic] p".[3] Dahingegen spielt bei der subjektiven Gewissheit lediglich die persönliche Gewissheit eines Erkenntnissubjektes eine Rolle: „Das Erkenntnissubjekt S ist gewiß [sic] (sicher, überzeugt), daß [sic] p".[4] Es dürfte somit klar sein, dass es sich bei der Glaubensgewissheit im christlichen Kontext (d.h. bei der christlichen Gewissheit) um eine subjektive Gewissheit handelt, da immer ein Erkenntnissubjekt (der gläubige Mensch) bei der Gewissheitsaussage eine Rolle spielt und keine objektiven, allgemeinen Aussagen getroffen werden können.

Gewissheit wird definiert als das „Innesein von der Richtigkeit einer Wahrnehmung"[5]. Diese Definition gilt auch für die christliche Gewissheit, da hierbei die Überzeugung der Richtigkeit bestimmter Glaubensinhalte, welche in (persönlichen oder biblischen) Wahrnehmungen wurzeln, Grundvoraussetzung ist. Was sind allerdings die grundlegenden Glaubensinhalte, derer der gläubige Mensch sich bewusst ist? Zur Beantwortung dieser Frage bietet es sich an, die christliche Gewissheit in drei Dimensionen einzuteilen: Der Gewissheit des *Schöpfungshandelns*, des *Versöhnungshandelns* und des *Erlösungshandelns*. Das gläubige Erkenntnissubjekt ist sich gewiss, dass es ein gewolltes Geschöpf ist, dessen Ursprung in Gott liegt (*Schöpfungshandeln*). Darüber hinaus, dass Gott ihm und allen anderen Gläubigen in seinem gekreuzigten Sohn Jesus Christus und durch den Heiligen Geist Gnade und Wahrheit zeigt (*Versöhnungshandeln*). Und zuletzt, dass die Geschöpfe Gottes ewig in dessen Gegenwart leben werden (*Erlösungshandeln*). Das Innesein von der Richtigkeit (Wahrheit) dieser drei Handelnsdimensionen zwischen Gott und Mensch sind Inhalt der christlichen

---
2 Vgl. a.a.O., 908.
3 Ebd. Anm.: Mit „p" wird hier eine unbestimmte Annahme bezeichnet.
4 Ebd.
5 A.a.O., 910.

Gewissheit.[6]

Wie aber wird die christliche Gewissheit in den Schriften Martin Luthers, besonders in *De Servo Arbitrio*, gesehen? Zunächst einmal sei gesagt, dass die Begriffe *Glaubensgewissheit* und *Heils-/Gnadensgewissheit* bei Luther sehr eng miteinander verbunden sind und häufig synonym verwendet werden. Eilert Herms vertritt die These, dass diese Gewissheiten bei Luther „nur zwei Seiten derselben Sache sind".[7] Es werden darum im Folgenden immer wieder beide Begriffe in synonymer Verwendung auftauchen, auch wenn sie in der derzeitigen theologischen Diskussion strikt voneinander differenziert werden.[8] Für Luther gehören Glauben und Heilsgewissheit, welche beide als Gabe des Geistes gesehen werden,[9] unverbindlich zusammen: „Für Martin Luther ist es ein Herzstück der Theologie, daß [sic] der Glaube mit voller Gewissheit des eigenen Heils verbunden ist."[10] Es wird in Luthers Werken aber auch klar, dass diese Gewissheit dem Gläubigen nicht selbstverständlich immer erhalten bleibt, sondern auch gegen Angriffe verteidigt werden muss. So muss der Mensch häufig gegen Versuchungen und Anfechtungen kämpfen und die Ungewissheit überwinden, um Gewissheit zu erlangen.[11] Gewissheit und Glauben hängen bei Luther so eng zusammen, dass sie sogar als identisch gesehen werden können.[12] In anderen Worten: Glauben gibt Gewissheit und verliert ein Mensch seine Gewissheit im Glauben, so verliert er auch den Glauben.[13]

Im verwendeten Abschnitt von *De Servo Arbitrio* spricht Luther nur sehr wenig vom *gewiss sein* (im Sinne von *certus*), bzw. der *Gewissheit*. Vielmehr legt Luther Wert auf die *assertio*, die Wahrheitsbezeugung. Diese fungiert bei Luther als Gewissheitsaussage, da in ihr Gewissheiten des Glaubens ausdruck finden. Luther selbst gibt die Bedeutung von *assertio* an: „beständig

---
6 Vgl. Kühne/Herms, Gewissheit, 913.
7 Herms, Eilert: Gewißheit in Martin Luthers De servo arbitrio, in: Junghans, Helmar (Hrsg.): Lutherjahrbuch 67, Göttingen 2010, S. 24.
8 Vgl. Hägglund, Bengt: Art. »Heilsgewißheit«, in: TRE 14, Berlin/New York 2004, S. 759.
9 Vgl. die Aussagen Luthers in dessen kleinem Katechismus: „Ich glaube, dass ich nicht aus eigener Vernunft noch Kraft an Jesus Christus, meinen Herrn, glauben oder zu ihm kommen kann; sondern der Heilige Geist hat mich durch's Evangelium berufen, mit seinen Gaben erleuchtet, im rechten Glauben geheiligt und erhalten".
10 Hägglund, Heilsgewißheit, 760.
11 Vgl. Luther, Martin: D. Martin Luthers Werke. Kritische Gesamtausgabe 40/1, Weimar 1911, S. 579f.
12 Vgl. Hägglund, Heilsgewißheit, 760.
13 Vgl. Beintker, Horst: Die Überwindung der Anfechtung bei Luther. Eine Studie zu seiner Theologie nach den Operationes in Psalmos 1519-21, Berlin 1954, S. 122.

anhängen, bekräftigen, bekennen, beachten und unerschütterlich ausharren. Nichts anderes bedeutet nach meinem Dafürhalten der Begriff im Lateinischen, jedenfalls nach unserem derzeitigen Gebrauch."[14] Besonders in der letzten Bedeutung (unerschütterlich ausharren), wird der Zusammenhang zur Gewissheit deutlich. Luther kritisiert Erasmus' Haltung, welchem „Wahrheitsbezeugungen so sehr missfallen, dass [er seine] Schritte leicht der Meinung der Skeptiker zuneigen"[15] würde. Luther jedoch ist überzeugt, dass ein Gläubiger aus der eigenen Gewissheit heraus, sich „an Wahrheitsbezeugungen erfreuen"[16] muss, oder er ist kein Christ.

Erasmus hat laut seiner eigenen Schrift kein Problem damit, sich Beschlüssen der Kirche zu bestimmten Themen einfach zu unterwerfen, selbst wenn er die Vorschriften nicht versteht. Hierin sieht Luther ein großes Problem, da er der Überzeugung ist, dass sich Erasmus nicht an die Meinung der Kirche, sondern allein an die Heilige Schrift hängen sollte.[17] Allein auf der Basis des *Erkennens und Verstehens* kann nämlich wirkliche Glaubensgewissheit wachsen: „Ein Christ sei wahrhaft verflucht, wenn er nicht gewiss ist und versteht, was ihm vorgeschrieben ist! Denn wie will er glauben, was er nicht versteht?"[18]

Zuletzt greift Luther im Abschnitt auch den bereits oben genannten Sachverhalt auf: Die Gewissheit sei eine Gabe des Heiligen Geistes. Er schließt seinen Appell an Erasmus mit den Worten: „Der Heilige Geist ist kein Skeptiker! Er hat uns keine Zweifel oder bloße Meinungen in unserer Herzen geschrieben, sondern Wahrheitsgewissheiten, gewisser und fester als das Leben selbst und alle Erfahrungen."[19]

---

14 Härle, LDST, 227.
15 Ebd.
16 Ebd.
17 Vgl. a.a.O., 231: „Du unterwirfst dich dazu noch den Lehrentscheidungen der Kirche? Was kann die bestimmen, was nicht in der Schrift schon bestimmt wäre?".
18 A.a.O., 233.
19 Ebd.

3. Anfechtung

Der Begriff *Anfechtung* ist fast ausschließlich in der religiösen Lebenswelt verankert und wird sowohl im Gebrauch der griechischen als auch der lateinischen Bibel mit demselben Wort wie *Versuchung* beschrieben.[20] Daher wurde im Mittelalter zusammenfassend für den Komplex von Anfechtung und Versuchung nur der Begriff *tentatio* verwendet,[21] welcher im eigentlichen Sinne die Bedeutung *jemanden einer Prüfung unterziehen* hat.[22] Anfechtungen können die Verbindung eines gläubigen Menschen mit Gott gefährden[23] und zu einer fundamentalen Infragestellung von Worten, Zusagen und Versprechen Gottes führen. Sie können durch Unrecht, Entehrung, Krankheit, aber auch scheinbar grundlos über Gläubige herfallen und in Angst und Verzweiflung stürzen.[24] Im Gegensatz zum Zweifel, welcher meist intellektueller Kultur ist (s. Punkt 4), handelt es sich bei der Anfechtung eher um eine geistliche Erfahrung.[25] Vorraussetzung für die Anfechtung ist der Glaube. Andersherum ist dieser aber auch erst durch Anfechtung wahrer Glaube.[26] Beide bedingen sich und das eine ist nicht ohne das andere.

Diese allgemeinen Annahmen zur begrifflichen und wirksamen Bedeutung von Anfechtung sind weitgehend von Luther beeinflusst, weshalb sich seine Position nicht bedeutsam von ihnen unterscheidet. Auch bei Luther gilt frei nach seinem Wort *Nulla tentatio, omnis tentatio*, dass Anfechtungen zum Glauben gehören, ja sogar Voraussetzung für ihn sind, und der Gläubige sich mit „bleibende[n] Anfechtungen"[27] abfinden muss: „Außer dem Kreuz und ohne Anfechtungen weiß niemand, was Glaube ist und wie kräftig er sei. Allein in Anfechtungen versteht man's."[28]

Wichtig und spezifisch beim lutherischen Anfechtungs-Verständnis ist zum einen die Frage nach dem Ursprung der Anfechtung und zum anderen die nach ihrer möglichen Überwindung. Die Frage, woher die Anfechtung bei

---

20 Vgl. Bayer, Oswald: Art. »Anfechtung«, in: RGG 1, Tübingen ⁴2005, Sp. 478.
21 Obwohl diese nicht gleichzusetzen sind. Vgl. Beintker, Horst: Art. »Anfechtung«, in: TRE 2, Berlin/New York 2004, S. 705.
22 Vgl. Schwarz, Reinhard: Art. »Anfechtung«, in: TRE 2, Berlin/New York 2004, S. 691.
23 Vgl. Appel, Helmut: Anfechtung und Trost im Spätmittelalter und bei Luther, Leipzig 1938, S. 3.
24 Vgl. Bayer, Anfechtung, 478f.
25 Vgl. Beintker, Anfechtung, 705.
26 Vgl. ebd.
27 Beintker, Luther, 181.
28 Aland, Kurt (Hrsg.): Luther Deutsch. Die Werke Martin Luthers in neuer Auswahl für die Gegenwart, Tischreden, Band 9, Göttingen 1983, S. 34.

Luther kommt, ist nicht leicht zu beantworten. Beintker wägt in seinem umfassenden Werk *Die Überwindung der Anfechtung bei Luther* zwei Positionen gegeneinander ab: Holl ist der Meinung, dass Gott selbst nach Luther Urheber der Anfechtung ist. Sie ist demnach ein Wirken Gottes am Menschen, welcher „in der Anfechtung Gottes Gericht als endgültig hinnehmen"[29] soll, ohne aber das Bewusstsein darüber zu verlieren, dass dieses Gericht nicht das letzte Wort ist. Der Meinung Holls, dass Gott Urheber der Anfechtung ist, wird die von Jacob gegenübergestellt: Er ist der Meinung, dass in Luthers Anfechtungs-Verständnis der Teufel, bzw. dessen Herrschaft, der der Mensch unterliegt, Ursprung der Anfechtung ist. Diese wird dann durch die eintretende Herrschaft Gottes überwunden.[30]

Dass tatsächlich nicht eine der beiden Positionen die einzig richtige ist, sondern beide richtig, bzw. falsch sind, macht Beintker daraufhin klar: „Luther hat nämlich tatsächlich von Gott *und* vom Teufel als Urheber der Anfechtung gesprochen."[31] Tendenziell hält er aber fest, dass Luther den Ursprung der Anfechtung öfter in Gott selbst sah: „Luther empfand sich nicht nur vom Teufel, sondern […] vor allem von Gott angefochten."[32] Interessant hierbei ist, dass die Anfechtung von Gott, welche immer heilsam ist,[33] ernster zu nehmen ist als die des Teufels, denn „dem Teufel kommt im Vergleich zu Gottes Allmacht keine Macht mehr zu. Darum darf das, was als Anfechtung vom Teufel bereitet wird, uns auch nicht *ernstlich* anfechten."[34]

Hier folgt der wohl spannendste Punkt an Luthers Anfechtungs-Verständnis: Anfechtung ist in Luthers Augen letztendlich ein Ort der Gottesbegegnung. Dies ist nur zu verstehen, indem man sich immer wieder Luthers Bild vom gnädigen und doch richtenden Gott vor Augen hält. In der Anfechtung wird sich in einem ersten Schritt der Gläubige Gottes Gerichts bewusst, und das richtige Gegenüber von Gott und Mensch wird geschafften.[35] Dann aber mach „Gott selbst […] der Anfechtung ein Ende, indem er Sünder macht, d.h. durch das Kreuz die Tötung des Fleisches vornimmt und durch sein Wort dem

---

29 Beintker, Luther, 39.
30 A.a.O., 40.
31 Ebd.
32 A.a.O., 47.
33 Vgl. a.a.O., 104.
34 Ebd.
35 Vgl. a.a.O., 166.

Sünder die Vergebung kundtut. Hier begegnet Gott dann in der eigentlich *heilenden* Weise."[36] So muss sich der angefochtene Gläubige, sei die Anfechtung von Gott oder vom Satan, immer in seiner Gewissheit an Gott wenden, im Vertrauen, dass dieser ihm aus der Anfechtung heraus helfen kann.

---

36 Beintker, Luther, 166.

4. Diskussion im Seminar: Zweifel – Gewissheit – Anfechtung

In diesem Abschnitt folgen einige Punkte, die aufgrund der Diskussion um die Begriffe *Zweifel, Anfechtung* und *Gewissheit,* wie sie im Seminar stattfand, noch reflektiert und geklärt werden sollten. Die Diskussion fand nicht auf Basis eines bestimmten Textes statt, sondern die Studenten hatten im Vorfeld der Diskussion die Aufgabe, sich Gedanken zu den drei Begriffen zu machen und sich eventuell (z.b. mithilfe von Lexikaartikeln) über deren Bedeutung zu informieren. Im Laufe des Gesprächs wurden immer wieder Zitate oder Gedankenanstöße von den Referenten eingebracht, wodurch eine lebendige und gewinnbringende Diskussion entstand.

Zunächst wurde der Begriff *Zweifel,* welcher im Verlauf des Referats bis dahin noch nicht genannt wurde, diskutiert: *Zweifel* beschreibt einen „Zustand der Mißbilligung [sic], Ablehnung, Vorsicht oder Unentschiedenheit."[37] Abgelehnt oder be-*zweifelt* wird dabei zum Beispiel eine Gewissheit, von welcher man nun aber aufgrund von Erfahrungen nicht mehr überzeugt ist. Der Zweifel führt daher zur *Ungewissheit.*[38] Beim Zweifel handelt es sich um ein intellektuelles Phänomen, d.h. Zweifel tritt nie ohne Begründung auf.[39]

Für Luther ist der Zweifel das Gegenteil des Glaubens, weshalb er ihn auch als *Unglauben* bezeichnet.[40] Begründen lässt sich dies ausgehend von der Glaubensgewissheit. Die Gewissheit als *Innesein von der Wahrheit einer Wahrnehmung* (s. Punkt 2) und der Zweifel als *Infragestellung eben dieser Wahrheit* können nach Luther nicht gleichzeitig existieren und schließen sich demnach einander aus.[41] Luther ist sich natürlich dennoch bewusst, dass auch Gläubige Zweifel überkommen (ohne dass ihnen sofort der Glauben abgesprochen werden muss), jedoch finden sie nicht immer statt, sondern zeitlich begrenzt: „Der Zweifel bleibt in den Heiligen und Wiedergeborenen und regt sich in ihnen, wenn auch nicht immer, jedoch zeitweilig."[42] Es ergibt sich somit für Luther eine Spannung zwischen Gewissheit und Zweifel, welche nicht aufgehoben werden kann, sondern der in einem „erbitterten

---

37 Köber, Michael: Art. »Zweifel«, in: RGG 8, Tübingen ⁴2005, Sp. 1932.
38 Vgl. Beiner, Melanie: Art. »Zweifel«, in TRE 36, Berlin/New York 2004, S. 767.
39 Vgl. Köber, Zweifel, 1932.
40 Vgl. Beiner, Zweifel, 770.
41 Vgl. ebd.
42 Luther, Martin: D. Martin Luthers Werke. Kritische Gesamtausgabe 39/2, Weimar 1932, S. 163.

Kampf"[43] begegnet werden muss. Das Verhältnis von *Zweifel* und *Gewissheit* wurde in der Diskussion im Seminar noch vertieft, wobei festgestellt wurde, dass Zweifel, welcher fundamentale Folgen haben kann (bis hin zum „wirklichen" *Un*-glauben), auch an fundamentalen Gewissheiten (also der Gewissheit des Schöpfungshandelns, des Versöhnungshandelns und des Erlösungshandelns) ansetzt. Die Unterschiede zwischen den Begriffen *Zweifel* und *Anfechtung* bei Luther wurden im Laufe der Diskussion erfolgreich herausgearbeitet. Dabei wurde klar, dass Anfechtung für Luther zum Glauben gehört, ihn sogar bedingt, der Zweifel aber als *Unglaube* einen Gegenpol zum Glauben bildet. Ebenso wurde der Unterschied zwischen der geistlichen Ebene der Anfechtung und der intellektuellen Ebene des Zweifels und der der zeitlichen Dimensionen (Anfechtung als ständiger Kampf, Zweifel als zeitlich begrenzt) erkannt. Die Bibelstelle aus 1 Kor 10,13 „Aber Gott ist treu, der euch nicht versuchen läßt über eure Kraft, sondern macht, daß die Versuchung so ein Ende nimmt, daß ihr's ertragen könnt" und die Zeile „und führe uns nicht in Versuchung" (Mt 6,13) des Vater Unsers dienten als Ansatzpunkt für die Frage nach Gott als Ursprung der tentanio.

---

43 Luther, WA 39/2, 163.

5. Fazit

Es wurde deutlich, dass die Begriffe *Glaubensgewissheit* und *Anfechtung* und schließlich auch *Zweifel* bei Luther sehr eng miteinander verbunden sind und in seiner Theologie eine bedeutende Rolle spielen. Besonders wichtig ist ihm die Abgrenzung von *Zweifel* und *Anfechtung* und die besondere Abhängigkeit von *Gewissheit (Glauben)* und *Anfechtung*. In der Anfechtung erkennt Luther einen Ort der Gottesbegegnung, obwohl diese sowohl von Gott als auch vom Satan kommen kann. Der Zweifel wird demgegenüber als schlechthin negativ gesehen (da er das Gegenteil der *Gewissheit* ist) und es findet ein erbitterter Kampf statt, dem sich der Gläubige stellen muss, damit er nicht in *Unglauben* verfällt, also der Zweifel die Überhand gewinnt.

In seiner Schrift *De Servo Arbitrio* legt Luther einen besonderen Fokus auf die Wahrheitsbezeugung, die seiner Meinung nach unbedingt im Leben eines Christen stattfinden muss. Er kritisiert darin Erasmus' Haltung, der sich den Beschlüssen der Kirche auch unterwerfen will, wenn er von der Wahrheit eines Beschlusses nicht überzeugt ist, bzw. die Beschlüsse nicht versteht. Die Klarheit der Schrift allerdings sollte nach Luthers Meinung dafür sorgen, dass Erasmus Wahrheiten *erkennt und versteht* und er sie demnach auch bezeugen kann. Zu dieser Wahrheitsgewissheit, die der Heilige Geist geben kann, ruft Luther Erasmus auf.

6. Literaturverzeichnis

Appel, Helmut: Anfechtung und Trost im Spätmittelalter und bei Luther, Leipzig 1938.

Bayer, Oswald/Schröer, Henning: Art. »Anfechtung«, in: RGG 1, Tübingen ⁴2005, Sp. 478-480.

Beiner, Melanie: Art. »Zweifel«, in TRE 36, Berlin/New York 2004, S. 767-772.

Beintker, Horst/Schwarz, Reinhard: Art. »Anfechtung«, in: TRE 2, Berlin/New York 2004, S. 691-695.

Beintker, Horst: Die Überwindung der Anfechtung bei Luther. Eine Studie zu seiner Theologie nach den Operationes in Psalmos 1519-21, Berlin 1954.

Deutsche Bibelgesellschaft: Die Bibel. Nach der Übersetzung Martin Luthers, Stuttgart 1999.

Hägglund, Bengt: Art. »Heilsgewißheit«, in: TRE 14, Berlin/New York 2004, S. 759-763.

Härle, Wilfried: Martin Luther. Lateinisch-Deutsche Studienausgabe, Band 1, Leipzig 2006.

Herms, Eilert: Gewißheit in Martin Luthers De servo arbitrio, in: Junghans, Helmar (Hrsg.): Lutherjahrbuch 67, Göttingen 2010.

Köber, Michael: Art. »Zweifel«, in: RGG 8, Tübingen ⁴2005, Sp. 1932.

Kühne, Wolfgang/Herms, Eilert: Art. »Gewissheit«, in: RGG 3, Tübingen ⁴2005, Sp. 908-914.

Luther, Martin: D. Martin Luthers Werke. Kritische Gesamtausgabe 39/2, Weimar 1932.

Luther, Martin: D. Martin Luthers Werke. Kritische Gesamtausgabe 40/1, Weimar 1911.

Luther, Martin: Luther Deutsch. Die Werke Martin Luthers in neuer Auswahl für die Gegenwart, Tischreden, Band 9, Göttingen 1983.

BEI GRIN MACHT SICH IHR WISSEN BEZAHLT

- Wir veröffentlichen Ihre Hausarbeit, Bachelor- und Masterarbeit

- Ihr eigenes eBook und Buch - weltweit in allen wichtigen Shops

- Verdienen Sie an jedem Verkauf

Jetzt bei www.GRIN.com hochladen und kostenlos publizieren